CLAUSES

ET

CONVENTIONS

LES PLUS ORDINAIRES

DES

CONTRATS DE MARIAGE.

CLAUSES

ET

CONVENTIONS

LES PLUS ORDINAIRES

DES

CONTRATS DE MARIAGE,

Avec des Notions directes ou relatives
sur leur étendue, & les effets qu'elles
produisent.

*Par l'Auteur des Principes Généraux de
la Coutume de Chaumont.*

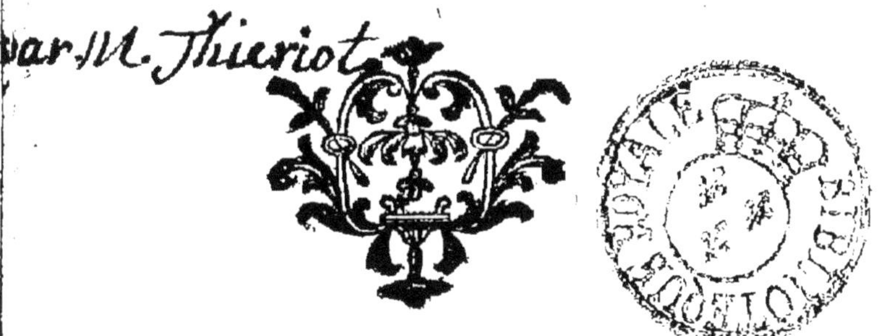

A PARIS,

Chez ANTOINE BOUDET, Imprimeur du Roi.

M. DCC. LXVIII.

AVEC APPROBATION & PERMISSION.

AVERTISSEMENT

DE L'AUTEUR.

ON trouve en ce petit ou-
vrage, le ſtile dans le-
quel on doit rédiger les clauſes
ordinaires des Contrats de
Mariage : il contient de plus,
en autant d'articles qu'il y a de
clauſes, des notions directes
ou relatives ſur l'effet qu'elles
produiſent ; & c'eſt par cette
ſeconde partie que j'ai eu prin-
cipalement en vue de me rendre utile. Je traiterai par ſuite,
dans la même forme, de toutes

les autres Conventions qui peuvent s'appofer en ces fortes de Contrats; ce qui fera divifé en autant de cahiers que la diverfité de leur nature en exigera. Si mon entreprife mérite le moindre accueil, je compte fuivre un pareil plan de travail à l'égard de tous les Actes quelconques, qui feront fufceptibles d'être traités de cette maniere : j'aurai même l'attention que tous les cahiers, qui paroîtront fucceffivement, foient de même format que celui-ci, afin qu'ils puiffent être reliés enfemble, pour la commodité des Lecteurs : Trop heureux, fi le jugement qu'ils porteront de cet ouvrage ne me détourne pas du defir d'en faire d'autres !

J'obſerve ici, que le Contrat de Mariage dont on verra les clauſes ci-après, eſt cenſé fait entre deux perſonnes majeures : que l'une a des droits acquis par les ſucceſſions paternelle & maternelle ; que l'autre eſt dotée par ſes pere & mere. Il eſt bon que le Lecteur ne perde point de vue ces obſervations.

APPROBATION.

J'AI lû par ordre de Monseigneur le Vice-Chancelier, un manuscrit intitulé : *Clauses & Conventions les plus ordinaires des Contrats de Mariage ; par l'Auteur des Principes Généraux de la Coutume de Chaumont ;* & je n'ai rien trouvé qui puisse en empêcher l'impression. A Paris ce 25 Mars 1768.

LALAURE.

CLAUSES

CLAUSES
ET CONVENTIONS
LES PLUS ORDINAIRES
DES
CONTRATS DE MARIAGE.

Clauses & Conventions les plus ordinaires des Contrats de Mariage.	*Notions directes & relatives, sur les effets ou l'étendue de ces Clauses & Conventions.*
ARTICLE I.	**ARTICLE I.**
SERONT les futurs Epoux, communs en tous	CETTE Communauté est composée 1º : Des meubles qui appartiennent à chacun des Conjoints au jour du ma-

biens meubles & conquêts immeubles, ſuivant la Coutume de Paris, qui réglera leur Communauté, encore qu'ils faſſent, par la ſuite, leur demeure ou des acquiſitions dans des pays dont les loix, coutumes & uſages ſeroient contraires, auxquels eſt dérogé expreſſément par les futurs Epoux, avec ſoumiſſion particuliere & ſpéciale à ladi-riage, même de ceux qui leur aviennent par ſucceſſion, donation, legs ou autrement, *conſtante Matrimonio*, quand le Contrat de Mariage ne contient point de convention contraire : 2°. Des immeubles que les Conjoints acquièrent depuis la Bénédiction Nuptiale, & qui pour cela, ſont appellés des conquêts : 3°. Des immeubles donnés ou legués aux Conjoints, par des étrangers ou par des parents collateraux ; quand même le donataire devroit en être héritier, pourvu toutefois que la donation, le teſtament ou le Contrat de Mariage, ne portent point de ſtipulation contraire : 4°. Des fruits & revenus des biens propres des Conjoints, échus avant le Mariage : 5°. Des fruits & revenus des te Coutume de Paris.

mêmes biens, qui peuvent être perçus avant la diſſolution de la communauté ; car ceux qui ne ſe perçoivent qu'après, ſuivent le propre qui les produit, ſauf la répétition de moitié des frais de ſemence & de culture en faveur de la communauté, contre celui qui profite de la récolte : 6°. Des arrérages de rentes foncieres ou conſtituées, & des loyers de maiſons, leſquels arrérages & loyers entrent dans la communauté, pour la portion de temps qu'elle a duré & de jour à autre, encore que les termes de payement ne ſoient pas échus lors de ſa diſſolution.

Quand les parties ſont majeures, la communauté peut être ſtipulée de tous biens préſents & à venir, même des propres.

La Communauté conventionnelle ne commence, comme la coutumiere, que du jour de la célébration du Mariage.

Il n'eſt pas permis aux conjoints de ſe réſerver dans leur Contrat de Mariage, la faculté de rétablir une communauté qu'ils ont exclue par ce même Contrat. Mais on peut ſtipuler valablement que la communauté aura lieu *ſi tel événement* arrive, pourvu qu'on le faſſe dépendre d'une condition purement caſuelle.

A ij

4 Lors de la dissolution de la communauté, si la femme ou ses héritiers l'acceptent, on procéde au partage des biens qui la composent; pour ce, il en faut établir la masse, sur laquelle, les dettes & charges étant prélevées, on prend d'abord avant de partager, les deniers dotaux que la femme a apportés, & qu'elle a stipulé propres; ensuite le remploi des propres de la femme, qui ont été aliénés pendant le Mariage; après cela, le remploi des propres aliénés du mari; puis & enfin le préciput du survivant, s'il ne l'a pas pris en meubles : le surplus des biens de la communauté se partage également entre le survivant, ou ses représentans, & les héritiers du prédécédé.

Seront les futurs Epoux, communs en tous biens meubles & conquêts immeubles, suivant la Coutume de Paris, qui leur servira de régle.

La stipulation de communauté peut être faite pour abréger, conformément au modéle ci-à côté, sans que pour cela ses effets soient moins étendus.

Un de mes Confreres qui a beaucoup de mérite, a cependant prétendu qu'en abrégeant la redaction de cette clause, c'étoit ôter à la femme me, son droit de communauté dans les acquisitions que le mari pourroit faire, soit en pays de droit écrit, soit dans la coutume de Normandie, qui est prohibitive; mais cette prétention est totalement contraire à la Jurisprudence des Arrêts, & au sentiment d'Argou, à celui de le Maître, de Bourjon, de Prévot de la Jannès, &c. &c. &c.

ARTICLE II.

Les futurs Epoux ne seront néanmoins pas tenus des dettes l'un de l'autre, antérieures à la célébration de leur Mariage, de sorte qu'il y en a, elles seront payées par celui ou celle qui les aura

ARTICLE II.

Il n'est question ici que des dettes purement mobilières, qui entrent de droit dans la Communauté, quand on ne convient pas du contraire; sur quoi il est bon d'observer qu'on excepte de cette régle générale, les dettes contractées pour le prix d'un immeuble que l'un des Conjoints possédoit au jour du Mariage : on a trouvé à cet égard, qu'il ne seroit point équitable que ce Conjoint fît payer faites, & fur fes biens per-fonnels. | à la communauté, le prix d'un immeuble qu'il n'y fait pas entrer.

Comme les immeubles acquis avant le Mariage ne font point partie de la communauté, de même les dettes immobilières créées dans un temps antérieur à la bénédiction nuptiale, ne font point communes ; mais il faut fe rappeller que quant aux revenus des immeubles, ils entrent dans la communauté, ainfi que je l'ai dit fous l'article premier, auquel je renvoie le Lecteur.

Cette claufe de féparation de dettes n'empêche pas que le mari, dès le moment du Mariage, ne foit obligé, à caufe de la Communauté, au payement des dettes mobilières de fa femme ; mais lors de la diffolution ou du partage de la Commu-nauté, celui du chef duquel une dette a été payée, doit récompenfe de la moitié du payement à l'autre des Conjoints, par-ce que fa part en eft d'autant diminuée ; tel eft l'effet de ladite claufe.

Si avant le Mariage, le futur Epoux a eu foin de faire faire un inventaire des effets mobiliers de la future Epoufe, alors au moyen de cet inventaire & de la claufe de féparation de dettes, les créanciers de la femme ne peuvent demander au mari, que les objets compris audit inventaire, ou leur eſtimation.

Ainſi, quand un futur Epoux craint de payer pour ſa femme plus qu'il ne reçoit d'elle, il peut éviter cet évenement onéreux, par la formalité de l'inventaire que la Coutume de Paris nous indique, art. 222.

Cet inventaire n'eſt pas toujours de néceſſité abſolue : par exemple, il ne me paroît pas néceſſaire quand la dot mobilière de la future Epouſe eſt énoncée avec détail, & eſtimée par le Contrat de Mariage ; je penſe encore que la clauſe de ſéparation de dettes, telle qu'elle eſt rédigée ci-deſſus, ſuffit ſeule pour libérer le mari envers les créanciers de la femme, lorſque le Contrat de Mariage porte qu'il n'a point été fait d'inventaire, parce que la future Epouſe n'apporte en dot aucuns effets mobiliers.

Il eſt toujours inutile de faire un inventaire des biens du mari, relativement à la ſéparation de dettes.

ARTICLE III.	ARTICLE III.
En faveur du futur Mariage, les pe-	Les pere & mere ſont cenſés donner chacun 15000 livres dans cette

re & mere du futur Epoux lui donnent & conftituent en dot par avancement d'hoiries, la fomme de 30000 livres, qu'ils s'obligent folidairement & avec renonciation aux bénéfices de droit, payer audit futur Epoux, en efpeces fonnantes & monnoie ayant cours, le lendemain de la Bénédiction Nuptiale.

fomme de 30000 liv. de forte que la part de la mere, dans la Communauté d'entr'elle & fon mari, eft diminuée de ces 15000 liv. & qu'il n'y a que moitié defdits 30000 liv. à imputer fur la fucceffion du pré-mourant; il en feroit encore de même quand le pere (ou la mere) auroit feul parlé au Contrat, à moins que dans l'un & l'autre cas, il n'y ait ftipulation contraire.

La dot ainfi promife au mari, n'eft pas préfumée acquitée à l'égard de la femme au bout de dix ans; & fi elle accepte la Communauté, il lui eft dû à ce fujet une indemnité.

Quand le mari s'eft doté lui-même, la femme furvivante ne peut pas demander à fes héritiers qu'ils prouvent la réalité du payement.

Si la mere a promis une dot à son enfant, (feule ou conjointement avec le pere) & qu'enfuite elle renonce à la Communauté, il faut qu'elle paye fur fes propres biens, la moitié de cette dot.

Il arrive fouvent delà, que tout le bien
de la femme eft abforbé, & même fon
douaire : pour éviter cet inconvénient, il
eft plus fage de convenir que tout ce qui
eft donné en dot par les pere & mere, fera
imputé fur la fucceffion du pré-mourant
des deux ; & fi cette convention n'a pas été
faite, la mere bien confeillée, doit plutôt
accepter la Communauté que d'y renoncer ; car en l'acceptant, elle n'eft pas obligée de la récompenfer, elle perd feulement
fes reprifes ; mais en faifant faire bon &
fidéle inventaire, elle ne peut jamais être
chargée des dettes de la Communauté, au-
delà de l'émolument qu'elle en retire.

ARTICLE IV.	ARTICLE IV.
Moyennant le payement de laquelle fomme de 30000 liv. qui fera fait com-	Cette claufe peut être appofée également en fa-veur du furvivant des pe-re & mere de la future Epoufe, lorfque ce font eux qui la dotent. Pour que l'avantage

A v

me dit est, au futur Epoux, par ses pere & mere, le survivant d'eux jouira en usufruit sa vie durant, des meubles & conquêts du prédécédé, à la charge par lui, de rester en viduité, & de faire faire inventaire ; lesdits futurs Epoux renonçant pour cet effet, à pouvoir demander audit survivant, aucun compte ni partage desdits meubles &

qui résulte d'une pareille clause en faveur du survivant ait son exécution, il faut 1°. Que l'enfant qui consent la jouissance, & renonce à demander compte & partage, ait reçu ou doive recevoir quelque chose de ses pere & mere ; car la renonciation gratuite ne vaudroit rien : 2°. Que cette stipulation de jouissance soit contenue dans le Contrat de Mariage de celui qui la souscrit : 3°. Qu'elle soit faite au profit du survivant des pere & mere ; car si elle étoit faite nommément au profit d'un seul, ce seroit un avantage indirect qui est défendu : 4°. Que ledit survivant demeure en viduité ; car s'il se remarie, dès lors il perd cette jouissance : 5°. Que les biens dont le survivant des pere & mere doit jouir par l'effet d'une telle conquêts , si ce n'est en imputant sur la succession dudit prédécédé, ladite somme de 30000 liv. en entier. clause, forment la Communauté d'entre lui & le pré-mourant, & soient communs entr'eux, tant au jour de la stipulation qu'au jour du decès dudit pré-mourant.

Les enfans qui ont consenti cette jouissance en faveur du survivant de leurs pere & mere, ne sont pas pour cela privés du droit de faire faire inventaire après le decès du pré-mourant.

Cette jouissance des meubles & conquêts, qui tient lieu de l'effet d'un don mutuel, peut être de même accordée au survivant des ayeul & ayeule, quand ils marient & dotent leur petit-fils ou petite-fille après le decès des pere & mere ; c'est le sentiment de le Maître, que j'adopte contre celui de Ferriere.

L'enfant doté peut demander compte & partage, nonobstant sa renonciation , en rapportant moitié de ce qu'il a reçu à la succession du prédécédé, s'il n'a pas été dit qu'il y rapporteroit tout ; & la totalité si la clause l'y astreint.

Il est assez d'usage d'ajouter à cette stipulation de jouissance, la condition de faire souscrire la même chose par les autres en-

A vj

fans lors de leur établiſſement ; mais ſoit
que cela ait été ainſi ſtipulé, ſoit qu'il n'en
ait été rien dit, il faut abſolument que
cette condition (expreſſe ou tacite) ſe trouve entierement remplie lors du decès du
pré-mourant des pere & mere, ſans quoi
dans l'un & l'autre cas, le ſurvivant eſt
privé de la jouiſſance que ſon fils-établi
avoit conſentie en ſa faveur.

Suivant la Coutume de Paris, article 281,
les acquêts d'avant le Mariage & les propres des pere & mere n'entrent point dans
la jouiſſance dont il s'agit ; néanmoins s'ils
avoient été compris dans la ſtipulation,
elle ne ſeroit pas nulle pour cela ; mais
l'enfant marié auroit le choix de laiſſer
jouir le ſurvivant de tout l'effet de la
clauſe, ou de l'empecher, en lui rendant
ſoit la moitié de ce qu'il auroit reçu, s'il
ne s'étoit pas obligé à davantage ; ſoit la
totalité, s'il s'y étoit ſoumis par le Contrat
de Mariage.

Si l'un ou l'autre des pere & mere étoit
décédé, la ſtipulation de jouiſſance en faveur du ſurvivant ne ſeroit bonne qu'autant que la dot qu'il conſtitueroit à ſon fils
ſeroit plus conſidérable, que ce qu'il auroit
pu prétendre dans la ſucceſſion du prédécédé.

Lorſque le ſurvivant des pere & mere
ſe remarie, l'enfant marié peut demander

partage , avec les intérêts de sa part hérédi-taire échus depuis la mort du prédécédé.

<table>
<tr><td>

ARTICLE V.

Les biens que la future Epouse appor-te en mariage & se constitue en dot, con-sistent en une maison sise à Paris , rue Beaubourg , ayant pour en-seigne l'Ecu d'Orléans , & en une créan-ce active de 600 livres, à prendre sur le sieur Guyot , Marchand, le tout échu & abandonné à

</td><td>

ARTICLE V.

En pays coutumier , tous les biens de la femme sont biens dotaux , & le mari en a la jouissance, soit qu'il y ait Communauté ou non , pourvu qu'il n'y ait point de clause de sé-paration de biens, dans le Contrat de Mariage.

Les deniers dotaux , promis à la femme par un parent ou par un étranger, produisent naturellement des intérêts qui courent au profit du mari , depuis le jour de leur mariage , jusqu'au payement de la dot.

S'il y a un terme fixé pour le payement de la dot, l'intérêt ne court que du jour de l'échéance de ce terme.

Les intérêts de la dot, courent de droit au pro.

</td></tr>
</table>

ladite future Epouse, pour la somme de 32600 livres, à quoi s'est trouvé monter sa part héréditaire dans les successions de ses pere & mere, suivant & aux termes du partage de ces successions, passé devant M.... qui en a la minute, & son confrere, Notaires à Paris, le .... duquel partage, ladite future Epouse a présentement remis audit fu-

fit de la femme, à compter du jour de la mort du mari.

Lorsque la dot est composée de deniers ou d'effets dont la valeur est déterminée à un certain prix par le Contrat, le mari en est le maître absolu, & il n'est chargé de rendre (quand la restitution a lieu) que la même somme qu'il a reçue, ou le prix des choses estimées ; si au contraire il n'y a point eu d'estimation, il faut qu'il rende en nature, ceux des effets qui existent encore, & qu'il paye la valeur des autres, au dire de gens qui les ont vûs.

Quand la dot de la femme consiste en immeubles, le mari n'est maître que des revenus ; il peut toutefois recevoir seul le remboursement des rentes dues à sa femme, quand il y a comtur Epoux, une expédition en bonne forme, avec les titres de la propriété de ladite maison, & ceux de ladite créance.

munauté de biens entr'eux; mais il en doit faire remploi.

La dot promife à la femme eft préfumée payée au mari quand le mariage a duré dix ans, fans que le mari (majeur) ait fait aucune diligence pour contraindre les parens qui la doivent: d'où il fuit que la femme & fes héritiers peuvent répéter fa dot contre le mari ou ceux qui le répréfentent, quoiqu'il n'en exifte point de quittance & qu'elle n'ait effectivement pas été payée; fauf toutefois au mari ou fes héritiers, à fe pourvoir contre ceux qui ont promis la dot, lesquels n'en peuvent jamais être libérés que par la repréfentation d'une quittance, ou par la prefcription de trente ans.

Lorfque par le Contrat de Mariage il a été accordé un terme pour payer la dot, les dix ans ne courent que du jour de l'échéance de ce terme.

Quand un pere, une mere, ou autre perfonne qui promet une dot ne la donne pas, *de fuo*, & qu'au contraire elle eft donnée en payement d'une dette, d'un legs ou d'une légitime, l'action pour le payement de la dot étant alors fubrogée au lieu d'une autre, elle ne doit pas fe prefcrire par un moindre temps que cette autre action.

Quand les quittances de dot font fignées, fi le mariage fuit, on n'eft pas reçu à prouver que la dot n'a point été payée.

Les quittances de dot doivent être paffées devant Notaires, & il eft du bon ordre qu'elles foient mifes à la fuite du Contrat de Mariage.

La femme pour la reftitution de fa dot, a hypothequé fur les immeubles du mari, du jour du Contrat de Mariage, s'il y en a un; finon du jour de la Bénédiction Nuptiale; mais elle n'a fur les meubles pas plus de privilége que les autres Créanciers.

Le furvivant des pere & mere qui dote fon fils ou fa fille, eft cenfé ne lui rien donner du fien, qu'après s'être entierement acquitté de ce qu'il lui devoit de la fucceffion du prédécédé; c'eft pourquoi il eft furabondant de régler l'imputation de la dot dans le Contrat de Mariage; cependant il eft d'ufage d'y inférer qu'elle fera imputée d'abord fur la fucceffion du défunt, jufqu'à dûe concurrence, & le furplus, fi furplus il y a, fur la future fucceffion de celui qui dote.

ARTICLE VI.

Des biens des futurs Epoux, il entrera de chaque côté, en la communauté, une somme de 10000 liv. à l'effet de quoi la future Epouſe conſent de ſa part, tout ameubliſſement néceſſaire ſur ladite maiſon, juſqu'à due concurrence : à l'égard du ſurplus deſdits biens, auſſi de chaque côté,

ARTICLE VI.

Par l'effet de cette clauſe, la miſe en Communauté, de part & d'autre, ſe trouve confondue dans la maſſe commune, de maniere que ce qui en fait l'objet, ne peut diſtinctement être repris lors de ſa diſſolution ; car vraiſemblablement il y a toujours perte ou gain.

Toutefois la femme renonçant à la Communauté, reprend ce qui y eſt entré de ſa part, quand cette faculté lui a été accordée par la clauſe de renonciation.

La future Epouſe met ordinairement dans la communauté, le quart ou le tiers de ce qu'elle apporte en dot, & quand elle n'a que des immeubles, elle en ameublit juſqu'à concurrence de l'une ou de l'autre de il sera propre à chacun des futurs Epoux & aux siens de son côté & ligne, de même que tout ce qui leur aviendra & échéera pendant le mariage, tant en meubles qu'immeubles, par succession, donation, legs ou autrement.

ces deux portions.

Les 10000 liv. que la future Epouse met en communauté, se prennent d'abord sur la créance de 600 liv. qui est mobilière, & la maison par ce moyen n'est censée ameublie que pour 9400 liv.

Si la future Epouse est mineure, elle ne peut ameublir plus du tiers de ses immeubles, sans avoir observé les formalités requises pour l'aliénation des biens de mineurs; mais si elle est majeure, l'ameublissement qu'elle fait, peut être de la totalité de ses immeubles, en cas qu'elle le juge à propos.

Quand une fille mineure se marie *de suo*, n'ayant que des effets mobiliers, le tiers seulement entre en communauté, & les deux autres tiers sont propres fictifs, pour être exclus de la Communauté; & ce, encore qu'il n'y ait aucune stipulation de propres; mais si le mariage eſt fait par les pere & mere de la mineure, ou par l'un d'eux, alors tout entre dans la Communauté, à moins qu'on ne ſtipule le contraire.

Lorſque l'ameubliſſement eſt fait par les pere & mere qui marient leur fille & la dotent, ils peuvent ſans aucune formalité, le fixer audeſſus du tiers, ſoit à la moitié, ſoit à toute autre portion plus conſidérable, parce qu'alors l'excès de l'ameubliſſement eſt regardé comme une condition de la libéralité qu'ils lui font.

L'ameubliſſement ſe fait de trois manieres.

1o. En ſtipulant qu'un héritage ſera ameubli juſqu'à concurrence d'une certaine ſomme; dans ce cas, ce n'eſt pas l'héritage qui entre en communauté, mais ſeulement la ſomme qui fait l'objet de l'ameubliſſement : la femme qui a ameubli de cette maniere, conſerve toujours la pleine propriété de l'héritage en entier; le mari n'en peut diſpoſer en tout ni partie, ſans ſon conſentement, & ſon droit ſe borne à pouvoir l'hypothéquer juſqu'à concurrence de la ſomme pour laquelle il eſt ameubli.

2o. En convenant qu'un héritage ſera vendu, pour être le prix d'icelui mis dans la communauté; en ce cas, la propriété de

l'héritage appartient toujours à la femme,
jufqu'à ce que la vente foit faite ; de forte
que fi la diffolution de la Communauté
arrive auparavant, l'héritage refte à la
femme ou à fes héritiers ; fauf à tenir
compte à la Communauté de l'eftimation
d'icelui.

3°. En ftipulant que l'héritage ameubli
fera réputé conquêt de Communauté
jufqu'à ce qu'il foit vendu ; dans ce cas, la
ftipulation a tout fon effet, & le mari peut
difpofer de l'héritage comme d'un conquêt ; mais s'il n'en difpofe pas, la femme
a droit de le reprendre en renonçant à la
Communauté, fi la claufe de renonciation
porte faculté de reprife.

Les ameubliffemens font fujets au retranchement ordonné par l'Edit des fecon-
des noces.

L'ameubliffement ne fert qu'à faire entrer les propres ameublis dans la Communauté, mais d'ailleurs il n'en change
point la nature ; de forte que fi la femme
a ameubli un héritage qui lui étoit propre,
& que par le partage de la Communauté, cet
héritage tombe dans fon lot, il fera toujours un propre ancien dans fa fucceffion.

La claufe de ftipulation de propre à
chacun des Conjoints, & aux fiens de fon

côté & ligne, telle qu'elle eſt ci-devant re-
digée, conſerve & tranſmet aux enfans &
deſcendants du Conjoint décédé, & après
eux à ſes collatéraux, les effets mobiliers
qui ont été ainſi ſtipulés propres, ou plutôt elle donne à la famille du défunt,
une action contre le ſurvivant pour ſe les
faire reſtituer, de telle ſorte que ledit ſurvivant n'y peut ſuccéder, quoiqu'il ſoit héritier mobilier de ſes enfans.

La clauſe de ſtipulation de propres à
chacun des Conjoints & aux ſiens (ſeulement) qu'on voit rarement appoſer dans
les Contrats de Mariage, conſerve & tranſmet aux enfans & deſcendans du Conjoint
décédé, ſucceſſivement de l'un à l'autre, les
meubles ainſi ſtipulés propres, de maniere
que le Conjoint ſurvivant n'y ſuccéde qu'a-
près le décès du dernier vivant deſdits enfans & deſcendans.

La clauſe de ſtipulation de propres à
chacun des Conjoints (ſeulement) qu'on
appoſe encore moins dans les Contrats de
Mariage, ne change rien dans l'ordre des
ſucceſſions ; elle empêche ſeulement les
effets ainſi ſtipulés propres, d'entrer dans
la Communauté ; mais ces effets ſont re-
gardés comme mobiliers dans la ſucceſſion
de chacun des enfans même mineurs, &
le Conjoint ſurvivant y ſuccéde.

Les ſtipulations de propres dans les trois degrés ci-deſſus, n'empêchent pas le mari & la femme de diſpoſer des choſes ſtipulées propres, comme de purs meubles, à moins qu'on n'ajoute aux ſtipulations, que les choſes ſeront propres, même à l'égard de la donation, diſpoſition teſtamentaire & à tous autres effets.

Les effets de la ſtipulation de propre ceſſent en quatre cas.

1°. Par le payement de la ſomme ſtipulée propre, fait à la femme ou à ſes enfans majeurs.

2°. Par la confuſion qui arrive au moyen du concours de deux hérédités dans une même perſonne majeure.

3°. Par la ceſſion de la ſomme ou de la choſe ſtipulée propre, faite au profit d'une tierce perſonne.

4°. Par l'accompliſſement des divers degrés de la ſtipulation.

ARTICLE VII.	ARTICLE VII.
Le futur Epoux doue la future Epouſe de 8000 liv. de douaire	Si l'on avoit omis exprès ou par inadvertance, de ſtipuler un douaire pour la future Epouſe, la Coutume de Paris veut qu'elle jouiſſe du douaire coutu-

préfix, une fois payé, dont elle jouira & sera saisie, dès qu'il aura lieu, suivant la Coutume de Paris; le fond duquel douaire demeurera propre aux enfans dudit futur mariage, conformément à ladite Coutume.

mier, qui est de la moitié des héritages, ou plutôt, des immeubles que le mari posséde au jour de la Bénédiction Nuptiale, & de la moitié de ceux qui lui aviennent en ligne directe pendant le Mariage, par succession, legs ou donation.

Le douaire, soit préfix ou coutumier, n'est que viager, à l'égard de la femme, à moins qu'il ne soit stipulé sans retour.

Cessant cette stipulation, le douaire préfix comme le coutumier, est le propre héritage des enfans, qui ne peut être vendu ni hypothequé par les pere & mere, à leur préjudice.

Toutefois, le douaire préfix d'une somme de deniers à une fois payer, étant ouvert en faveur des enfans, est réputé mobilier, & passe dans leurs successions, aux plus proches héritiers des meubles.

Si les enfans prennent le douaire coutumier ou préfix, il faut qu'ils renoncent à la succession de leur pere; car les quali-

tés de douairier & d'héritier font incompatibles.

Quand il y a un douaire préfix, le douaire coutumier ne peut être demandé, à
moins que l'option de l'un ou de l'autre
n'ait été expreffément accordée par le Contrat de Mariage.

Si la femme ayant la faculté de choifir
entre le douaire coutumier & le préfix, a
fait une option, les enfans font obligés de
s'y tenir ; mais fi elle n'a pas opté, alors
les enfans font maîtres de choifir.

Le douaire préfix, foit en rente, foit
en deniers, fe prend fur tous les biens
du mari après le partage de la Communauté.

Suivant le droit le plus général, la mort
civile du mari ne donne pas ouverture au
douaire ; delà cette maxime, *Jamais mari
ne paya douaire.*

On peut convenir valablement que la
future Epoufe & fes enfans, ne jouiront
d'aucun douaire. Cette maxime eft atteftée
par les meilleurs auteurs, & on la trouve
fingulierement dans les *Principes de la Ju-
rifprudence Françoife*, par de la Jannès,
tom. II, p. 25.

Les fruits & arrérages du douaire, foit
préfix, foit coutumier, courent du jour du
décès du mari au profit de la femme,

qui

qui en eſt ſaiſie de droit, a ſa caution juratoire, ſans être tenue d’en demander délivrance.

Toutefois ſi elle ſe remarie, il faut qu’elle
donne bonne & ſuffiſante caution.

Le droit d’accroiſſement n’a pas lieu en
matiere de douaire; de ſorte que ſi quelques-uns des enfans ſe portent héritiers, &
les autres douairiers, la portion du douaire pour chacun de ces derniers, eſt toujours la même que ſi tous les enfans euſſent
renoncé pour ſe porter douairiers.

Le douaire ſe partage entre les douairiers également, & ſans aucun droit d’aîneſſe.

On ne peut prendre le douaire & la légitime enſemble, il faut opter l’un ou
l’autre.

Le douaire eſt acquis ſitôt la Bénédiction Nuptiale, & ſans que le mariage ſoit
conſommé.

Les héritages du futur Epoux, qui ont été
ameublis, ne ſont point ſujets au douaire
coutumier, non plus que les propres conventionnels.

L’hypotheque, pour le douaire coutumier, ne commence qu’au jour de la Bénédiction Nuptiale, quand ce douaire n’eſt
pas ſtipulé par le Contrat de Mariage:
mais pour le douaire coutumier, comme

B

pour le préfix, il y a hypotheque du jour du Contrat de Mariage, quand l'un ou l'autre douaire eft accordé par ce Contrat.

Le douaire coutumier n'eft propre aux enfans, que pour les biens fis dans des Coutumes qui le reputent tel ; à moins que par le Contrat de Mariage il ne foit ftipulé propre, malgré les difpofitions contraires des Coutumes.

Dans la Coutume de Chaumont, le douaire n'eft pas propre fans ftipulation, & il en eft de même dans la plupart des Coutumes de Champagne.

A l'égard du douaire préfix, lorfqu'il a été établi par un Contrat de Mariage, paffé dans la Coutume de Paris, ou autre dont les difpofitions font femblables, il eft toujours propre aux enfans, & il peut être par eux exercé fur tous les biens du pere, encore que les Coutumes de leur fituation ayent des difpofitions contraires.

En général, les qualités de donataire & de douairier font incompatibles.

Toutefois l'enfant qui a été avantagé par le pere, peut renoncer à la fucceffion paternelle, & être en même temps donataire & douairier; mais en ce cas on impute fur fa part dans le fond du douaire, tout ce qu'il a reçu de fon pere : fi toutefois le avantages qu'il en a eus, excédent fa portion du douaire, il peut s'y tenir en renonçant à la fucceffion & au douaire, fauf dans ce cas, la légitime des autres enfans qui doit toujours être complétée.

La femme autorifée de fon mari, peut, pendant le mariage, renoncer valablement à exercer fon douaire fur les héritages que le mari aliene; & cette renonciation a même fon effet contre les enfans qui acceptent la fucceffion maternelle : *fecùs* s'ils y renoncent.

On peut encore convenir par le Contrat de Mariage, que le douaire ne fera pris que fur tels héritages, & que tels autres en feront affranchis, &c.

ARTICLE VIII.	ARTICLE VIII.
Le furvivant des futurs Epoux aura, & prendra par préciput, avant le partage de la Communauté, ceux des	Si le furvivant avoit pour préciput tous les effets mobiliers, il feroit tenu dans ce cas, de payer toutes les dettes mobilières; parce que ce feroit prendre le préciput à titre univerfel : on ne pourroit même en affranchir le furvivant par le Contrat de Mariage, &

meubles d'icelle, qu'il voudra choisir, jusqu'à concurrence de 4000. liv suivant la prisée de l'inventaire, & sans crue, ou ladite somme en deniers comptans, si elle lui convient mieux.

toute stipulation faite à cette fin seroit regardée comme nulle.

Le mari survivant ne prend jamais son préciput que sur les effets de la communauté.

Si les héritiers de la femme renoncent à la communauté, le mari ne peut pas leur demander son préciput sur les propres de la femme ; ce préciput est confondu dans la communauté, qui, audit cas de renonciation, demeure toute entiere au mari.

Les créanciers sont maîtres de faire vendre les meubles que le survivant a choisis pour son préciput.

Le préciput est sujet au retranchement ordonné par l'Edit des secondes noces : *Arrêt du 10 Juillet 1656.*

ARTICLE IX.

Si durant le futur Mariage

ARTICLE IX.

Quand les propres de la femme ont été aliénés, elle doit être remboursée

il eſt vendu
aucuns hérita-
ges, ou rentes
propres, ap-
partenans à
l'un ou à l'au-
tre deſdits fu-
turs Epoux,
ou ſi leſdîtes
rentes ſont ra-
chetées, rem-
ploi fera fait
de l'argent qui
en proviendra
en acquiſi-
tions d'autres
héritages ou
rentes, pour
ſortir pareille
nature de pro-
pres à chacun
d'eux reſpec-
tivement, &
aux ſiens de
ſon côté & li-

du prix de l'aliénation,
ſoit qu'elle accepte la
communauté, ſoit
qu'elle y renonce : en
cas de renonciation, ce
remploi doit être pris
avant part, ſur les effets
de la communauté, &
ſubſidiairement ſur les
propres du mari; & en
cas de renonciation, il ſe
prend ſur tous les biens
du mari indifféremment.

Si c'eſt le propre du
mari qui ait été aliéné,
il n'en peut demander le
remploi que ſur les effets
de la communauté, en-
core faut-il qu'elle ſoit
acceptée par la femme
ou ſes héritiers.

L'action de remploi eſt
naturellement mobiliè-
re, parce qu'elle ne tend
qu'à revendiquer des de-
niers comptans qui ſont
meubles; c'eſt pourquoi
cette action apparṭien-
droit aux pere & mere

gne. Toutefois si ledit remploi ne se trouve pas fait au jour de la dissolution de ladite Communauté, les deniers seront repris sur les biens d'icelle ; & s'ils ne suffisent pas pour le remploi de la future Epouse, sur les propres & autres biens du futur Epoux; l'action duquel remploi sera de nature immobilière, & demeurera comme héritiers mobiliers de leurs enfans; si la clause du remploi ne portoit rien de contraire.

Les stipulations de propres qui se font par cette clause à l'égard du remploi, operent dans leurs divers dégrés, les mêmes effets que celles dont j'ai ci-dessus expliqué l'étendue. Pour que le remploi du propre de la femme soit valable & qu'elle ne puisse pas en exercer la reprise en deniers, il est nécessaire :

1°. Que par le contrat du remploi il soit déclaré précisément, que l'acquisition y portée, est faite des deniers provenans de la vente de *tel* propre, ou du rachat de *telle* rente.

2°. Qu'il soit expressément stipulé audit contrat, que l'héritage ou rente acquis par icelui, propre à celui ou celle des futurs Epoux qui aura droit de l'exercer, & aux fiens de fon côté & ligne.

eft pour le remploi de *tel* propre de la femme, qui a été vendu ou racheté.

3°. Que la femme parle dans ce contrat, qu'elle accepte le remploi, & le figne, ou au moins qu'elle le ratifie avant la diffolution du Mariage.

On peut encore rédiger cette claufe de la maniere fuivante.

Le remploi du prix des propres qui auront été aliénés pendant le Mariage, fe fera fuivant la Coutume de Paris, & l'action dudit remploi fera de nature immobilière, & propre à celui ou celle des futurs Epoux, qui aura droit de l'exercer, & aux fiens de fon côté & ligne.

Cette claufe peut auffi être rédigée comme il fuit :

L'action pour le remploi des propres aliénés fera de nature immobilière, & demeurera propre à celui ou celle des futurs Epoux qui aura droit de l'exercer,

& aux siens de son côté & ligne.

ARTICLE. X.

Arrivant la dissolution de ladite communauté, si la future Epouse ou ses enfans y renoncent, ils reprendront tout ce qu'elle aura apporté audit Mariage, avec tout ce qui, pendant sa durée, lui sera avenu & échu, tant en meubles qu'immeubles, à quelque titre que ce soit: même ladite future

ARTICLE X.

Il est bon de commencer cette clause, en prévoyant d'une maniere générique, la dissolution de la communauté, parce qu'elle peut être dissoute, non-seulement par la mort naturelle de l'un ou de l'autre, mais encore par la mort civile, la séparation de biens, celle de corps, &c.

La faculté que la femme & ses enfans ont de renoncer à la communauté, est de droit, & il n'est pas besoin de l'exprimer dans le Contrat de Mariage. Au moyen de la faculté de reprise, qui s'insere dans cette clause; la femme en renonçant, retire de la communauté ce qu'elle y avoit fait entrer par son Contrat de Mariage, avec tout ce qui lui est

Epouse*, au cas que la renonciation soit faite par elle, reprendra en outre son douaire & son préciput, le tout franc & quitte des dettes de la Communauté, encore qu'elles'y fût obligée, ou y eût été condamnée, dont, en tout cas, la future Epouse & ses enfans, seront acquittés, garantis & indemnisés par ledit futur Epoux ou ses représentans, & sur ses biens personnels, qui, pour raison de ce, & de toutes les autres clauses du présent

échu en mobilier *constante Matrimonio*, tant par successions que par legs, donations ou autrement, quoiqu'il n'y ait point de stipulation de propres à cet égard ; même son préciput : quant au douaire, elle l'auroit sans qu'il lui fût expressément accordé par la clause de reprise. C'est le sentiment d'Argou.

Cette reprise, suivant les termes de la stipulation, s'exerce franche & quitte de toutes les dettes de la communauté, contractées par le mari seul, postérieurement au Mariage ; ce qui n'a lieu toutefois, que quand le Contrat porte séparation des dettes antérieures. *Barbier sur Argou.*

Contrat, demeurent affectés & hypothequés, à compter de ce jour-d'hui.

ARTICLE XI.

Au cas de prédécès de la future Epouse sans enfans, ses pere & mere & le survivant d'eux, pourront renoncer à ladite Communauté, & dans ce cas, exercer les mêmes reprises ci-dessus stipulées, en laissant toutefois audit futur Epoux, la somme de 3000 liv. pour l'indemniser des frais de noces & charges de Mariage.

ARTICLE XI.

Cette clause produit les mêmes effets que la précédente, dont elle n'est qu'une suite, à la réserve toutefois des 3000 liv. que le mari survivant a droit de retenir : bien entendu, que si elle n'est pas insérée dans le Contrat de Mariage, le mari ne peut prélever aucune chose à son profit, quand même il prouveroit qu'outre les frais de noces, il a dépensé une partie des propres de la femme, en frais de maladie ou autrement.

ARTICLE XII.

Et voulant les futurs Epoux se donner des marques de leur amitié, ils se font l'un à l'autre, & au survivant d'eux, donation entre-vifs, irrévocable, mutuelle & égale, en la meilleure forme que donation puisse valoir, ce accepté par les futurs Epoux, respectivement pour ledit survivant

ARTICLE XII.

Cette donation réciproque peut être également faite en propriété, & dans ce cas comme dans celui de la simple jouissance, l'acceptation n'est que surabondante, car l'Ordonnance en dispense.

La donation mutuelle entre futurs Epoux mineurs est valable, à l'égard des meubles, quand ils ont 20 ans accomplis; La Coutume de Paris, article 272, en contient même une disposition précise.

Mais quant aux immeubles des futurs Epoux, il est certain qu'en général ils ne peuvent se les donner l'un à l'autre, qu'ils n'ayent 25 ans accomplis : ce qui n'empêche cependant pas que des futurs Epoux mide tous les biens, meubles, immeubles, acquêts, conquêts, propres & autres qui se trouveront appartenir au pré-mourant lors de son décès, pour par ledit survivant, en jouir, à compter du jour dudit décès, en usufruit sa vie durant, sans être tenu de donner caution.

Le tout pour-vû qu'audit jour il ne se trouve aucuns enfans nés ou neurs, ne se faslent tous les jours réciproquement, des donations universelles par leurs Contrats de Mariage, sauf aux Juges, en cas de difficultés, à y avoir tel égard que de raison, suivant les circonstances. Il faut consulter là-dessus, la Jurisprudence des Arrêts; & avant de s'en faire des maximes, bien connoître l'espece différente dans laquelle chacun d'eux a été rendu.

La donation mutuelle entre futurs Epoux peut se faire, soit en usufruit, soit en propriété, pour avoir lieu, même au cas qu'au décès du pré-mourant des deux, il existe des enfans de leur Mariage; la légitime de ces enfans toutefois réservée.

S'il n'étoit pas dit dans la donation mutuelle, qu'elle ne doit avoir lieu qu'au cas qu'il n'y ait à naître, dudit futur Mariage, auquel cas d'enfans, la présente donation deviendra nulle : toutefois ſi ſe trouvant des enfans, ils viennent à décéder ſans poſtérité, ou à faire profeſſion en religion avant d'avoir valablement diſpoſé, dèslors ladite donation reprendra en faveur du ſurvivant ſa premiere force & vertu, pour avoir lieu, comme point d'enfans, elle auroit ſon effet quoiqu'il ſe trouvât des enfans ; diſtraction toutefois faite de leur légitime.

Il eſt encore néceſſaire de prévoir le cas où les enfans pourroient décéder ſans poſtérité, ou faire profeſſion en religion, avant d'avoir valablement diſpoſé ; car faute de ce, la naiſſance des enfans, ſe trouveroit avoir anéanti l'effet de la donation, quoiqu'ils fuſſent décédés ou euſſent fait profeſſion.

Dans la donation mutuelle en uſufruit, on diſpenſe ordinairement le ſurvivant de donner caution ; mais ſi cela n'étoit pas exprimé, il faudroit qu'il en fournît une.

Le ſurvivant, donataire en uſufruit, eſt tenu de faire faire inventaire des biens du prédécédé : c'eſt s'il n'y avoit point eu d'enfans. | le seul moyen de constater l'objet que les héritiers dudit survivant auront un jour à rendre à ceux dudit prédécédé.

La donation mutuelle par Contrat de Mariage, soit en usufruit, soit en propriété, n'a lieu, en faveur du mari survivant, qu'autant qu'elle a été insinuée dans les quatre mois du jour de la Bénédiction Nuptiale ; & en faveur de la femme survivante, qu'autant qu'elle a été insinuée dans les quatre mois qui suivent le décès du mari.

L'insinuation est toujours valable, à l'égard du mari, quand elle seroit faite après le décès de la femme, pourvû que les quatre mois du jour de la Bénédiction Nuptiale ne soient pas encore expirés.

Au cas de donation, les Notaires de Paris sont tenus de faire mention, dans le Contrat de Mariage, de l'insinuation qui doit en être faite. *Déclaration du 23 Mars 1708, registrée le 15 Juin suivant.*

Cette insinuation lorsqu'il y a des immeubles donnés, doit se faire, tant au bureau établi près le siége royal, dans l'étendue duquel le donateur se trouve domicilié, qu'au bureau établi près le siége royal, dans l'étendue duquel les biens donnés sont assis.

Si la donation contient des immeubles situés en plusieurs Bailliages, il faut la faire insinuer en autant de bureaux, qu'il y a de Bailliages différens ; & à mesure que les Conjoints acquierent de nouveaux héritages, la donation doit être insinuée dans les bureaux d'arrondissement, où ils sont situés, sans quoi les nouvelles acquisitions ne feroient point partie de la donation. *Arrêt du* 11 *Août* 1762.

La donation peut être valablement insinuée après les quatre mois du jour de la Bénédiction Nuptiale, pourvu que ce soit pendant la vie du donateur ; mais dans ce cas elle n'a d'effet que du jour de l'insinuation.

Quand l'insinuation se fait dans les quatre mois, il faut la faire au greffe du Bailliage où le donateur étoit domicilié lors de la donation ; mais après les quatre mois, il faut que l'insinuation se fasse au greffe du Bailliage, où est le domicile actuel du donateur.

Lorsque les parties requièrent qu'une donation soit regiftrée dans différens bureaux, il est dû autant de droits d'insinuation, qu'il se fait d'enregistremens.

F I N.

Le premier Cahier que l'Auteur donnera après celui-ci concernera les Contrats de Mariage en secondes Noces.

9 782019 219642